A chi si sentirà pronto ad ascoltare

La Prigione

Sono relegato
in questa cella senza tempo,
senza fine,
arredata da un morbido tappeto
di silenti mine,
pronte ad esplodere
come bombe nucleari
su cui, prima o poi,
tutti cadranno ad armi pari.
E' come un labirinto
a raggi infrarossi,
con un mare di perché, di come
e di se io fossi.
E' come l'enigma
di un povero solitario
che di coscienza e di natura
è sognatore ed illusorio.

Un'esalazione di voci
mi assale di continuo,
gridando obblighi e doveri
da imprimere nella mente,
distruggendo così il mio presente,
di cui tutto ciò che mi resta
è racchiuso in un pugno possente.
E non c'è aria,
e non c'è luce,
neanche fossi prigioniero del duce.
E se io...
Troppo stanco è il mio Io
per domande senza meta,
imparerò a vivere
in questa prigione,
fingendomi un eremita.
Sarà dura
ma sarò forte.
E come un guerriero

sfiderò la sorte.

Finché avrò vita.

Fino alla morte.

Matto

Matto,
mi definiscono,
un povero illuso
con il cuore rinchiuso
in una cella "due per tre"
in cui sta stretta la speranza,
come la sfarzosità di un Re.
In folle è questa mente,
stanca di pensare,
come la marcia di un'auto
che non ha più voglia di guidare.
Pazzo,
mi ritengono,
come controllate queste gocce iridee,
per far sembrare il cuore forte,
per far vedere che so affrontare la sorte.
Stupido, mi sento,

se immagino una via d'uscita,
tonto e testardo
se perseguo la mia meta prefissata.
Essere o non essere?
Vero o Pazzo?
Forse è meglio scegliere
di restare sempre me stesso.

Annientamento rurale

Annientamento rurale
di una natura appena in fiore
tra rumori pneumatici
che falciano la gloria
di sottili e silenti fili d'erba.

Uccelli che reclamano
il loro spazio di vita,
in questo mondo
senza scorta di umiltà.

Silenzi parlanti
In boschi distanti
dall'insidia dell'orgoglio umano,
dove si ringraziano i Santi,
bisbigliando piano,
per non disturbar

il sonno del vento,
profondo e sordo
alla frenesia del tempo.

Salici piangenti
questi occhi innocenti,
per la felicità del cuor,
per il rinsavire delle menti.

Ave o Maria

Stordita sordità,
stupido sguardo incompreso,
perso nel vuoto,
per paura di emergere,
di dire la tua,
di far sentire la tua voce,
e il tuo silenzio
diventa tacito assenso incontrollato.
Chi può sapere se è giusto o sbagliato,
se sei reale o ammaliato,
se hai vinto o sei vinto?
Stipsi lacrimale per la troppa stanchezza,
e ad un tratto desideri
che Maria pianga per te,
che ti dia un segno,
un sorriso,
una mano,

mentre tu Le sussurri piano:
"Proteggi tutti i miei cari,
e se puoi anche me".
Una moneta o forse due non bastano,
una preghiera, o forse due sì.
L'importante è crederLe
e tesserne le Lodi,
di mattina, di sera o di notte,
ogni momento è giusto,
anche fosse quello più funesto.
Poiché il cuor lo ascolta sempre,
e le preghiere sempre ode.
Ave, o Maria,
a Te sia la Lode,
come al Re rivolge il suo Cavalier prode.
Ave, o Maria,
Gratia Plaena,
lenisci il mio dolore,
allevia la mia pena.

A te cara mamma

A te cara mamma,
gentile generatrice della mia vita,
prezioso fiore
dal docil cuore.
A te cara mamma,
tra speranze e delusioni,
tra vittorie ed illusioni.
A te che sconfiggi le ombre,
con orgoglio e dignità,
a te che segui le orme
della lealtà e dell'umiltà.
A te cara mamma,
così grande nel donare il tuo amore,
nel vegliare sugli altri
e proteggerli dall'errore.
A te cara mamma,

la cui tua essenza è arte,
solo per esser donna,
non importa di qual parte.
A te cara mamma,
perché la tua purezza
illumini con grazia
questo mondo
pieno di tristezza.

A te cara mamma,
che anche se in quel giorno
Dio non vuole,
tu regali sempre il Sole.

A ritroso

Confusione mentale,
baraonda di sale
che brucia
su ferite di cuore.
Potente afasia,
terribile vuoto
ad imbuto d'inferno,
quando tutti i tuoi sogni
svaniscono con il vento.
Giaci in un letto
bagnato di acqua iridea,
e chiami qualcuno
che consoli il tuo lamento.
Esistono momenti in cui
vorresti essere privo di memento,
per non vedere mai
barriere di cemento.

Qualcuno capirà mai
forse il tuo tormento?
Illusioni temporanee
di fiducia e di sorrisi,
dubbio costante
che tali dican verità.
Sarò forse io, allora,
a crear le situazioni,
e a creder che poi
queste divengono persecuzioni?
Sono vivo,
ma rassegnato,
a condividere tutto
con l'indomabile fato.

E così sia.

Riverbero di malinconia,
stipsi verbale o afasia,
speranza addormentata,
coscienza ridestata...

Questo arduo mestiere,
di aver fede in un futuro migliore,
rispetto a un oggi
dall'indecifrabile colore.

Gioia ed euforia,
misericordia e pietà,
grazia e serietà.

Parole senza ormai più un senso,
per quel passato portato via dal vento,
per quel vile presente,

per quel domani che è una mina vagante.

La mia bocca non sa più cosa dire,
confuso è questo cuore,
lacerata è questa mente
per ancora pensare.

Basta.
Si chiede silenzio!
Si deve cambiare,
ogni cosa, il destino, il dolore.
Stop.
Alla stanca veemenza,
alla troppa indifferenza.
Sia dato il Via alla rinascita,
alla serenità e così via.

E così sia.

La meta

Meningi spremute
fino all'ultima goccia.
Ipotrofia sensoriale,
istinto animale
di una scongiurata
sopravvivenza.
Lotta estenuante,
incessante,
per giungere alla meta,
e ritirare come premio
un foulard di seta,
per lenire
una gola ammalata,
per tonsille senza vita.
Il traguardo è vicino,
sicuro,

divino.

Gloria in Excelsis

perché finalmente

si è Qualcuno.

La rinascita di Pierrot

Silenzio palesato
di un cuore riscaldato,
solo da temperatura corporea,
da sudore incontrollato
dipendente da non si sa che cosa.
Bocca ammutolita,
come una fontana rotta,
senza zampilli.
E il mondo gira.
E lo sguardo mira,
mira il vuoto,
mira il salto incredulo della palpebra
quando d'improvviso una luce appare
e lo acceca.
Una mano dall'Alto, forse?
La pietà o l'umanità di Maria?

Due parole scritte,
un sorriso smagliante
sorge dalla bocca
per ricucire quella smorfia,
quella piaga che rendeva il ritratto imperfetto.
Ora il volto è bello, giovane,
con colori smaglianti, cangianti,
colmi di gratitudine,
per aver tolto le lacrime
da un Pierrot consumato
dalla sua vita in bianco e nero.
Ora rivive, quel volto aggraziato,
ora sorride ammaliato.
Ma una lacrima nera
sempre rimane,
per ricordargli il suo passato,
da cui mai si potrà scindere,
ma da cui potrà riprendere
la vita che tanto sogna,

con dignità e senza mai vergogna.

Oh, Chiara Luce!

Oh, chiara luce,
la cui tua essenza è arte,
candore trascendente,
purezza sconcertante
del cui mondo,
il mio destino,
non mi dona di esser parte.
Simbolo di fede,
di amore,
di umiltà,
concetti obsoleti
e troppo astratti,
in questa triste realtà.
Difficile da attribuire,
ad un colore,
la tua sembianza,

per quelle linee sottili
di indefinita parvenza.
Arduo è da scoprire,
il regalo
che per me hai in serbo,
io che sono ancora
un umile frutto acerbo.
Oh, chiara luce,
che della serenità
tu sei virtù,
dona un po' di Pace,
per non soffrire più.
Oh Pioggia!

Tu, genitrice di onde,
tu, madre di onte,
non ti nascondi mai,
per te nessun vicolo è cieco.

Trovi sempre uno spazio,
un ardua fessura,
per insidiarti in ogni respiro,
e bloccarlo al tappeto,
come in un incontro di pugilato,
tra il cuore e il suo avversario,
tra il suo arrendersi ed il suo orgoglio.

Tu nelle nuvole,
e tra il cielo e la terra,
reclami la tua vittoria,
in ogni stupida guerra,
nel più piccolo rancore,
persino tra le lacrime
per un ineguagliabile amore.
Finito, ora taciturno,
silente,
vincente o perdente.

Tu, sotto qualunque forma,
di oceano, di lacrime,
di onta o liberazione di anime;
O pioggia, ti esorto,
interrompi il tuo corso,
porta un po' di senso,
di colore e di sole
a questa inerme vita,
a quest'esistenza non pagata,
ammutolita.
Risveglia le coscienze,
assopite in un tempo inusuale,
per un futuro alla pari e senza uguali.

Nostalgica resistenza

Nostalgica resistenza,
di un pazzo incompreso,
alla tentazione di partire,
di fare e di amare.
Blocco coatto delle emozioni,
incontrovertibile stasi di espressione.

Un' audacia temporanea
attraversa il suo cuore,
un coraggio propulsore
di attimi eroici,
presi poi con ironia,
per tramutarsi subito
in una lenta e silente agonia.

Guizza questo fiume di parole,
impaziente di sfociare

in una sana rabbia taciuta
e purtroppo insoluta.

Acqua nera di peccato,
rossa di passione,
gialla di speme di luce,
diluita ed espansa
come un barattolo di vernice
in preda alla follia di un imbianchino,
o di uno spazzacamino di fuliggine tinto
e ormai estinto.

Nostalgica resistenza,
a quella sottile parvenza,
a quell'increata Essenza
che talvolta porta il cuore in stato di incoscienza.

Parlami, ascoltami e lascia ch'io parli,
guidami, leggimi, guariscimi.

Anche solo in silenzio.

Quando il Sol si spegnerà

Situazione critica,
quasi analitica di questa vita
statica, mai elastica,
impressa su me e sul mio corpo
come l'assurda svastica degli ebrei
nati per errore,
secondo un duce, un esecutore folle
del terrore.
Impressione al levar del sole
di un barlume di luce e di speranza,
piacevole parvenza di un dolore in lontananza,
senza essere troppo illusionista,
per poi non morire di una svista.
Troppo breve è questa canzone,
che elevo a Dio per placar la mia intenzione
di trasformarmi per una volta in un cane

e impazzire di rabbia per un destino infame.
Che devo fare per mantenere la calma?
Guardare forse un paesaggio con il mare,
la sabbia bianca ed una palma?
Non credo che basti il potere del mare,
a cancellar di qualcuno il volere.
Forse devo risvegliar la mia coscienza,
per curare e prevenire ogni evenienza
di male involontario o ben celato,
come un chicco di grano al sole maturato.

E il mio cuor,
quando mai maturerà?
Forse quando il Sole si spegnerà.

Specchi cangianti

Specchi cangianti
identità e volti,
deformati tra sorrisi e lamenti,
in un mosaico di mente
ed iride confusa.
E il tempo scorre.
E il mio Io rincorre,
insegue la sua ombra,
schiavo instancabile
del suo volere,
poiché non ha potere
sull'incontrovertibilità del fato.
Cuore diviso,
tra mille altri cuori penitenti,
umiliati dalle piaghe
che insidiano la terra.
Seguo questa triste guerra,

attraverso questo vetro trasparente,
che presenta ed ovvia il presente
ma un futuro positivo
ancora non prevede.
Osservo la mia vita
in questo misero specchio
E scopro, nel tempo,
l'immutabilità dell'essere me stesso.

La mia umiltà
conservo ben intatta,
pronto anche ad un'eventuale disfatta.
Fermo, paziente
e con l'aiuto di Dio,
vincerò contro il tempo,
poiché sempre resterò IO.

Resta come sei

Resta come sei.
Non cambiare il tuo sguardo,
non lasciare che i tuoi occhi
siano accecati dal grigio dell'indifferenza.
Non mutare il tuo sorriso
in tutti quei momenti,
in tutti quei bei tempi
che ti aprono le porte della felicità
e che estrapolano il meglio
della tua umiltà.
Parla con il cuore,
piangi per amore.
Attendi dal cielo
gocce di colore,
di rosso, di blu, per scoprire chi sei tu,
di giallo, di verde,
per cancellare quella realtà inerte,

di bianco, di rosa,
del profumo di una sposa.

Leggi per sapere,
scrivi per amare,
litri d'inchiostro per distruggere il dolore.
Ascolta il silenzio,
il vento, ferma il tempo!

Non cambiare il tuo Io
ed orgoglioso ne sarò anch'io.
Resta ciò che vuoi,
resta come puoi.
Resta come sei.

Il Troppo storpia

Tante stelle vi sono nel cielo,
troppe e vanitose sull'umano suolo,
e tu coperto da un soffice lenzuolo
vivi nell'ombra e con la tua umiltà.

E il cuore palpita
per il successo di un giorno,
in un contesto troppo articolato
per capire se trattasi di volontà
o fato.

Come vorrei essere re
per una notte,
per esaudire i miei sogni
e cantar chissà quali note.

Di pace,serenità e vittoria
su un passato povero di gloria.

Ma non vorrei volare troppo in alto,
rischiando di compiere un gran salto
per poi non sentir più il mio respiro,
e cadere nel vuoto dall'alto,
di quella troppa vanità
e di quel desiderato orgoglio
che avrebbe tolto in fondo un po' di doglio.

In medio stat virtus,
e la virtù è tutto,
nobile o povera asciuga il bagnato
e bagna il troppo asciutto.
Dà tono al tuo status,
ma attento,
mai troppo deve farsi notare
altrimenti il niente potrà prevalere.

La forza del silenzio

Lento è questo passo,
stanco,
questo cuore risvegliato dopo un letargo infinito.
Batte questa vita, ti scrolla, ti scuote,
e timore talvolta t'incute.
E tu rimani senza fiato,
la tua bocca flebile, e labile.
Vorrebbe parlare ma non riesce,
forse per vittimismo,
oppure perché non piace,
vorrebbe difendere chi tace.
Ma se essa tace
cade dal precipizio,
e tu ti senti come all'inizio, della vita.
Quando vorresti gridare che ci sei,
mostrare il carattere che hai.

Ma qualche forza,
ancora sconosciuta,
ti trattiene l'aria
e allora resti inerte, impotente
di fronte ad una malvagia ironia della sorte.
Ma verrà il tempo per cambiare,
forse quando finirà l'anno solare.
E tu sarai contento
perché le tue parole saranno ascoltate,
lenite e capite.

Lungo è questo viaggio,
inseguendo chissà quale miraggio,
ma la voce del silenzio vincerà su ogni altra voce,
e sarà colei che finalmente avrà l'assenso.

Libertà costretta.

Labbra scocciate,
sempre giacenti nel limbo
tra la fisicità e il cuore.
Parole tremanti,
per un'insulsa paura
di un eterno giudicare,
di un rimprovero continuo,
sempre pronto ad inveire,
senza in realtà capire
la verità dell'intenzione,
questa bocca e la sua inibizione.

Adrenalina estenuante,
di un cuore che batte,
che ascolta e raramente è ascoltato.

Misericordia di Dio Onnipotente,
chiesta all'infinito
per redimerti dal peccato
e liberarti di questo mondo ammalato.

Libertà costretta,
che non riesce ad uscire,
ad esaudire un desiderio
di allungar la vita al tuo binario,
di far strada "Alla tua Destra",
di scegliere la "Via Maestra".

Quanto odio verso questa paura,
quanta rabbia per questa incomprensione,
quanta energia per questa passione,
forse sprecata, certamente non capita.

Basta! Inutile è recriminare,
superfluo è stare male.

Bagnerò queste mie labbra di freschezza
e libertà,
solamente nel giorno in cui
"Lui vorrà".

E l'indifferenza avanza

E l'indifferenza avanza,
pedissequamente,
trattenendo qua e là
qualche briciola di veleno
da gettare su altra gente,
per far loro assaporare
il gusto del niente,
un po' di solitudine
e di color sprezzante,
facendo il tutto sembrar
un piccolo inconveniente,
che nella vita
è solito capitar.
E l'indifferenza avanza,
con il suo miglior amico,
il tempo,

che più passano le ore,
più lui la fa sentir Signora,
di quella triste e piacevole agonia,
di un cuore immerso
in un oceano detonatore di lacrime,
pronte a sgorgare a zampilli,
come una fonte dissetante
per uccelli ancora in fiore.
E l'indifferenza avanza,
ma c'è anche la Speranza,
che gioca di Preghiere
di un umil servitore,
rivolte con fervore
all'Onnipotente Signore.
E l'indifferenza avanza,
e la Speranza avanza.
Chi vincerà questa battaglia,
senza eccessi di ridondanza?

Il peso del silenzio

Interesse di finzione
alla tua storia,
intervento mirato
per cancellarti la memoria,
per non farti ricordare,
per farti ammettere di non sapere,
di essere stato
in realtà annientato
con la sete di potere,
con l'abuso del volere,
essere sopra il mondo
per poi schiacciare
inermi entità
avvelenati d' omertà.

E le tue parole,
ammutolite dal peso
del silenzio,
dall'assenso incondizionato,
cercano di prendere fiato
nel tuo cuore,
con rabbia e con dolore.
E più tu vorresti uscire
e far sentire la tua voce,
più ti rendi conto
di quanto cattiva sia la foce,
che ti inculca quella frase:
" Taci! Non parlare!",
e ti uccide quella briciola di dignità
che ti rendeva ancora vivo,
anche se in un misero spazio chiuso.

E chi vince agli occhi della gente?
Il potente o il povero pezzente?

Manovrato come una marionetta,
pronto per essere fatto esplodere con una baionetta?

Puoi augurarti solo che in questo mondo,
esista qualcuno, anche di poco conto,
che comprenda e condivida il tuo male,
disposto ad essere considerato un maiale.
Un maiale sì, ma con una dignità forte,
pronto a combattere
e cambiar la propria sorte.

Il Perdono

Il perdono è una lacrima implorante
di un uomo rimasto solo.
Il perdono è un'anima amorevole
che assolve i tuoi peccati.
Il perdono è un amico
che dopo uno screzio
sorride ad un altro.
Il perdono è autentico
quando il pentimento è umile.
Il perdono consola
quando la voce è flebile.
Il perdono è luce
nei momenti di buio.
Il perdono ti rafforza
e ti fa essere migliore,
anche quando la vergogna
fa soccombere il cuore.

Il perdono è vita
per un umile peccatore.
Il perdono è la più dolce grazia
concessa da Nostro Signore.

Il colore dei soldi

Il colore dei soldi
è cangiante in ogni istante.
Sporca di sangue
il rispetto per la vita,
esalta all'eccesso
la potenza dei superbi,
massacra la fragilità dei caparbi.

Il colore dei soldi
conquista all'apparenza,
ma rovina in permanenza.
Fa brillare gli occhi dei finti ciechi,
affina l'olfatto degli esteti,
illude e rende vana
la speranza dei malati,
quelli tangibili, reali, concreti,
coloro che ignorano di essere additati.

Il colore dei soldi
non aiuta gli innocenti,
aumenta lo sperpero dei prepotenti,
portando l'uomo con sé, verso la follia,
consapevole che il suo sapore ingannatore
sempre e ovunque lascerà una scia,
per creare nuovi adepti,
immortali o eletti.

Ma l'ozio e l'inganno,
prima o poi dovran cessare,
e il colore dei soldi,
lentamente vedrà il suo sbiadire.

I piaceri dell'istinto

Lava incandescente
nelle profondità del cuore,
bolle di fuoco
che solo il mare riuscirebbe a placare.
Ispidi e lunghi,
i canali dell'inconscio,
in un presente
deficiente di coraggio.
Assenza altra di fantasie,
troppo plagiati
dal sembiante indistruttibile fato.
I vapori del pensiero
potrebbero assopire
questo disgraziato destino,
se solo vi fosse
un briciolo di volontà
nell'assaporare

i piaceri dell'istinto.

E arriva Natale!

E Arriva Natale,
e c'è gente che viene,
gente che va,
gente che scavalca questa vita
lasciando il vuoto in chi è qua,
su questa Terra,
in questo mondo,
che scioglie il proprio orgoglio
in lacrime,
sorreggendo l'anima esamine.

E arriva Natale,
e tu domandi al Sole
di farsi da parte per un giorno
e far posto alla neve,
perché tutto sia più bianco e puro intorno.

E arriva Natale
e il tuo cuore esprime un desiderio,
di far ilari gli infelici,
di dar un tetto ai diseredati,
caduti nell'oblio,
per uno stupido capriccio dell'Io,
di quei potenti disarmanti,
di quegli avidi incoscienti
che nella vita nulla è dovuto,
ma va tutto guadagnato
con sudore e l'umiltà
di chi si piega a tristi viltà.

E arriva Natale,
e tu non sai perché,
ti ritrovi ancora solo coi tuoi ma e i tuoi se.

E arriva Natale,
tutti i giorni, lo si sa,
basta solo volerlo,
con gioia ed umiltà.

Gorilla nella nebbia

.... E mi ritrovo qui,
nel mio anonimo habitat,
a conservare tutto ciò che è mio,
a cercare almeno un dialogo con Dio,
come un gorilla nella nebbia,
stanco del non vedere,
caccia tutta la sua rabbia al cielo
urlando oltre il grigiore della coltre
il suo dolore muto.
Mentre il mondo,
sordo, sente,
un triste lamento,
impertinente.

www.ingramcontent.com/pod-product-compliance
Ingram Content Group UK Ltd.
Pitfield, Milton Keynes, MK11 3LW, UK
UKHW020232250726
13967UKWH00001B/314